AF258194

BIBLIOTHÈQUE IMPÉRIALE

SUR LA POSITION

DE LA FRANCE,

ET DES MOYENS D'EN SORTIR.

PAR M. J. B. D***.

PARIS,

DE L'IMPRIMERIE DE J. G. DENTU,

RUE DU PONT DE LODI, N° 3, PRÈS LE PONT-NEUF.

1815.

AVANT-PROPOS.

—

S'il ne s'agissait, dans la position où nous sommes, que de faire un plan de finance, tout autre qu'un financier aurait tort de s'en mêler; mais le plan que nécessitent les circonstances où nous nous trouvons, devant, à mon avis, embrasser toute l'administration, je crois que l'examen de la question peut appartenir à tout homme qui aura donné quelqu'application aux affaires publiques.

Depuis qu'on a imaginé d'adapter à toutes les opérations de l'intelligence humaine la méthode et l'analyse, il est peut-être devenu moins facile de se tromper : on a rendu, pour ainsi dire, le raisonnement mathématique ; et quand on fait avec franchise la part aux chances, aux hypothèses et aux accidens, on sait à peu près à quoi s'en tenir sur un projet quelconque.

Sans vouloir affirmer que les calculs de la finance et de la politique soient aussi mathématiquement exacts que ceux de la géométrie ou de la mécanique, ils ont une telle ressemblance, que je trouve en eux une analogie suffisante pour les comparer.

La mécanique emploie une force pour levier ; elle en diminue ce qui se perd jusqu'au lieu où l'effort doit agir, et elle acquiert ainsi la certitude de son succès.

La politique emploie pour levier l'intérêt personnel, mobile universel des actions humaines, modifié de mille manières différentes ; ses calculs seraient aussi sûrs que ceux de la mécanique, si elle pouvait, comme elle, apprécier d'une manière certaine la force de son levier, et ce qu'il perd ou ce qu'il gagne du point du départ au point d'arrivée.

C'est cette difficulté d'estimer avec précision la force première et la force restante du mobile, qui fait que la politique est la science la plus compliquée qui existe sous le ciel ; elle suppose la connaissance de l'espèce humaine, de ses passions, de ses folies, de sa constitution physique et morale ; c'est celle des peuples, des pays, des climats, de l'histoire et des siècles.

La politique sait le passé, voit le présent et devine l'avenir, ou le modifie et le prépare suivant son intérêt ; tout ce qui tient aux nations est de son ressort ; les gouvernemens ne peuvent se mouvoir sans la consulter; le plus petit détail ignoré, négligé, mal prévu ou mal calculé, suffit pour arrêter ou renverser tout l'ensemble.

J'entreprends d'écrire sur la position de la France et l'état de ses finances; pour ne rien laisser à désirer, je crois qu'il convient d'abord de faire un exposé exact et précis de sa position vis-à-vis des puissances étrangères, de sa situation vis-à-vis d'elle-même;

Ensuite d'établir quelle différence existe entre la France telle qu'elle est aujourd'hui et telle qu'elle serait si, unie et confiante envers son Souverain, tous ses efforts tendaient unanimement vers le but de l'utilité commune;

J'indiquerai, sans m'écarter du respect dû au Souverain et de l'amour que commandent les qualités personnelles et les talens du Roi, quels seraient les moyens les plus propres à réunir les esprits autour du trône et à rallier tous les Français sous les drapeaux de la même opinion;

Je ferai ensuite le cahier des charges que nous aurons à remplir pour nous libérer envers l'étranger, reprendre notre rang parmi les puissances de l'Europe, et redevenir ce que nous étions autrefois, un peuple indépendant ;

Je présenterai enfin le tableau de nos ressources actuelles, et je tracerai un plan qui embrassera à la fois le paiement de nos obligations, la consolidation du Gouvernement, la réunion des partis, la fusion des intérêts particuliers dans la masse de l'intérêt général, qui ramène la confiance, la paix et la sécurité.

Voilà ce que j'appelle un plan de finance adapté à notre position présente ; car si nous faisons un plan de finance purement fiscal, si nous ne faisons pas concourir au même but la marche entière du Gouvernement, nous éprouverons à chaque pas un tiraillement qui opérera une confusion générale de laquelle il nous sera impossible désormais de sortir.

SUR LA POSITION

DE LA FRANCE,

ET DES MOYENS D'EN SORTIR.

PREMIÈRE PARTIE.

Lorsque des malheurs ordinaires affligent les nations, elles ont recours à des moyens consacrés par l'usage et les convenances, et sans sortir des routes habituelles de leur politique et du système d'administration qui les gouvernent, la sagesse des conseils dirigeant habilement les ressources qui lui fournissent la confiance des peuples et l'accord qui unit la nation à son chef, parvient à résister au coup qui la menace; elle en diminue toujours l'effet, et quelquefois elle en triomphe.

Mais lorsque la destinée vient tout-à-coup frapper un grand peuple entouré jusqu'alors de gloire et de prospérité, renverse sa puissance comme d'un souffle, et l'accable de toutes les calamités qui anéantissent les Empires et qui dévorent et dispersent les peuples, alors tous les moyens appris deviennent inutiles. Il faut un grand effort pour s'opposer à un grand désastre, et ce n'est plus dans le cercle ordinaire que l'on doit chercher des ressources. Tout est nouveau, tout est terrible dans ce qui l'entoure et dans ce qui le menace; l'histoire n'a rien appris, la prévoyance n'a jamais rien imaginé de semblable : il faut créer plus que ce qui était connu, pour combattre un malheur plus grand que tous ceux qu'on avait prévus.

Tel est aujourd'hui l'état déplorable où se trouve la France. L'ambition démesurée d'un seul homme l'a placée dans une position inconnue dans les annales du globe jusqu'à nos jours ; envahie, dépouillée, épuisée, découragée, divisée d'opinions et d'intérêts, elle offre à l'œil de l'observation une espèce de cahos politique, dont toutes les matières fermentent sourdement, et semblent menacer d'une explosion violente ou de l'affaissement le plus absolu, suivant qu'elles seront réchauffées ou refroidies par l'influence ou les machinations de l'étranger, à moins que la sagesse de son gouvernement ne la protège, et qu'elle ne soit secondée par la confiance et par la docilité des peuples.

Il ne peut exister pour nous d'espoir de salut, que dans le calme et dans la confiance mutuelle du gouvernement et de la nation : si nous refusons de nous réunir autour du Monarque, si nous cessons de l'envisager comme un père dont la puissance médiatrice peut arrêter le cours de nos malheurs, nous sommes perdus, le sort de la Pologne nous menace ; et si il était réservé à la France de l'éprouver, je crois pouvoir prédire que sa chute entraînerait par suite le bouleversement de l'Europe.

Il n'existe point d'autre moyen, je le répète, que celui de calmer d'abord les esprits, de rendre la confiance aux individus, et de les persuader que leur véritable intérêt est de concourir, de tous leurs moyens particuliers, au salut général.

Nous ne pouvons pas nous dissimuler que la jalousie, la haine et la vengeance de la politique étrangère, ne pèsent sur nous dans la proportion effrayante de notre prospérité passée.

Il est à craindre que cette politique ne se plaise à grossir, dans sa prévention, les torts que nous pourrions avoir, et qu'elle ne soit disposée à saisir le plus léger prétexte, pour s'immiscer éternellement dans nos débats et dans nos querelles, et peut-être décider souverainement de notre sort futur, de manière à faire cesser pour jamais ses inquiétudes, si nous ne nous empressons pas de nous montrer unis et de bonne foi dans nos tentatives, pour ramener le calme et la tranquillité de l'Europe continentale.

Notre position avec nous-mêmes et avec les autres est donc extrêmement difficile; il ne nous reste d'espérance que dans la clémence du ciel, dans une résolution nouvelle et énergique, et secondée des talens et des vertus du Monarque généreux qui nous gouverne, et dont la sollicitude vigilante s'efforce de réparer les maux qui nous accablent.

Il daignera pardonner à ma témérité, si j'ose élever la voix, et déposer aux pieds de son trône les idées que m'inspirent mon dévouement à sa personne, et mon amour pour mon pays.

Le Français, naturellement confiant, devient inquiet de ce qu'il ignore, et son inquiétude se grossit de ce qu'il redoute, quand il n'a pas la connaissance précise du danger qui le menace; mais s'il entrevoit un but, et que le moyen qu'on lui propose y conduise, rien ne l'effraye; son courage et sa force grandissent en proportion de l'obstacle qu'ils doivent surmonter; l'espérance le soutient, et ne l'abandonne que lorsqu'il ne peut plus combattre le mal.

De ce caractère bien prononcé de la nation, résulte évidemment la nécessité de lui confier sa véritable position, et de lui communiquer les sacrifices qu'elle doit faire pour l'améliorer. S'ils sont évidemment commandés par la nécessité, s'ils pèsent également sur tous, si l'amour-propre des uns ou leur intérêt n'est point blessé par le privilége d'une faveur arbitraire accordée aux autres, j'ai la conviction que la nation entière les fera avec un respect religieux pour la main paternelle du Monarque qui s'appesantit à regret sur la tête de ses enfans.

Dans le cas contraire, les passions encore échauffées des dernières scènes du drame sanglant qui a mis l'Europe entière en deuil, seront de nouveau soulevées par les mains habiles de la politique, et des déchiremens affreux seront la suite d'une mesure nécessaire de laquelle dépend notre salut ou notre perte, suivant le mode qui sera adopté pour l'exécuter. —

Il faut un grand sacrifice. Quel moyen prendra-t-on pour le demander, et pour persuader d'y souscrire ?

Le plus puissant pour déterminer chaque individu à l'abandon d'une partie de sa possession, c'est, sans contredit, de lui garantir et de lui assurer d'une manière positive, la jouissance et l'inviolabilité du reste.

Ce ressort est pris dans l'expérience de tous les jours, et dans la connaissance du cœur humain.

Le négociant fait assurer ses expéditions, et paye de lui-même une prime pour être garanti de la chance d'une perte totale.

Dans l'état d'épuisement et de confusion où se trouve la France, les obligations qu'on exige d'elle sont énormes : où trouvera-t-elle de quoi les remplir, si, tandis qu'on lui demande une partie de sa propriété, elle est assaillie de craintes sur la conservation du reste ? Si elle est déchirée par des partis, si l'inquiétude enchaîne la confiance et emprisonne l'industrie et les capitaux, si l'incertitude et le découragement remplacent l'activité, et si, au sentiment pénible des maux présens, elle ajoute la cruelle prévoyance de ceux qu'elle redoute pour l'avenir ?

Un grand moyen, un moyen noble et puissant, digne de la loyauté du Souverain et du peuple qu'il gouverne, serait de daigner descendre jusqu'à la faiblesse de l'intelligence d'une partie égarée et ignorante de la nation qui, alarmée par les mensonges et les calomnies des agitateurs, n'a encore qu'une connaissance douteuse et une confiance imparfaite dans les bienfaits de la Charte et dans l'exécution des lois qui la protègent, et de publier une loi portant qu'au renouvellement de chaque session, il sera fait une déclaration du Roi et des Chambres, que jamais il ne sera porté atteinte à la propriété des biens nationaux acquis, vendus et fondus dans la masse des propriétés patrimoniales ; que jamais il ne sera rétabli de dîmes et de droits féodaux ; que les titres et l'illustration de la naissance seront pour toujours purement honorifiques, et qu'enfin tont Français, quel qu'il soit, n'a de droit exclusif aux fonctions civiles, militaires ou législatives; qu'elles seront toutes accessibles au mérite, quelque soit son origine et sa naissance, ou vulgaire ou distinguée.

Une pareille déclaration, faite solemnellement et librement par le Souverain et les Chambres, rallierait subitement et pour toujours au Roi tous les propriétaires de biens nationaux; elle aurait pour partisans, les parens ou alliés des propriétaires, en un mot, elle assurerait au Roi la confiance de la majorité de la nation; elle renverserait les complots de la malveillance; elle détruirait en grande partie les prétextes spécieux des agitateurs, et forcerait au silence quelques rêveurs chimériques qui se flattent tout haut d'indiscrètes espérances.

Les deux grands mobiles des actions humaines sont l'amour-propre et l'intérêt : en satisfaisant l'un et évitant de blesser l'autre, le Souverain sera juste; mais dans l'état présent des choses, cet acte de justice sera écrit dans tous les cœurs comme une générosité paternelle.

Que l'on demande ensuite à la nation tel sacrifice dont on lui démontrera la nécessité et la répartition juste, chacun se prêtera volontiers à remplir un devoir dont l'acquit lui sera prescrit par sa conscience, tandis qu'une répartition inégale, anéantissant la confiance, le livrera aux intrigues des séditieux et à l'agitation des agens de la politique ennemie.

Ce premier point une fois obtenu, la confiance réunissant le Monarque et ses sujets, il en résulte une communauté d'intérêts qui affermit le trône et ranime les espérances de la nation. L'ordre renaît, le calme succède à l'orage, le travail et l'industrie développent leurs ressources, et le mal présent diminue chaque jour, sous les efforts d'une nation courageuse dirigée par la main bienfaisante de son Roi.

O quelle vraie gloire pour le Monarque, quelle noble satisfaction pour le peuple assez magnanimes tous deux pour étouffer, de concert, tout germe de division , pour abjurer tous les souvenirs déchirans , et ne former enfin qu'une grande famille réunie dans son affliction pour lutter contre la fortune et désarmer par ses vertueux efforts la main de la Providence et le courroux des nations !

S'il est sur la terre un spectacle digne des regards et de la pitié du ciel , c'est celui d'une grande nation aux prises avec l'adversité.

O mes concitoyens ! ô ma patrie ! que ne puis-je réunir tous les cœurs et tous les esprits par la conviction de ces vérités immuables , que l'union fait la force des empires , que la justice des Rois et l'obéissance des peuples servent de base éternelle à la félicité des nations.

Oh ! qu'alors il serait facile au digne Monarque qui nous gouverne , de changer à son gré le sort de ses sujets infortunés ! combien son cœur les bénirait, avec quelle joie il oublirait leurs erreurs et l'ingratitude dont ils ont payé ses bienfaits !

Mais Dieu seul commande au cœur des hommes; lui seul, quand il lui plaît , les environne de sa lumière ou les frappe d'aveuglement.

Offrons-lui nos vœux et nos efforts comme un hommage respectueux, et notre réconciliation comme un instrument de sa providence ; dirigeons nos efforts vers le but unique de l'intérêt général, et nos jours de douleur s'écouleront et fuiront loin de nous comme ont fait ceux de notre splendeur passée.

Je regarde comme une grande erreur l'opinion qu'il existe réellement en France un parti en faveur de Buonaparte. Quelques individus, grands seigneurs avec lui, nuls sans lui, regrettent leur changement de fortune et tiennent à sa cause parce qu'elle est celle de leur intérêt , mais je crois que bien peu lui sont attachés de cœur. Quand on n'aime personne, on ne doit pas avoir de vrais amis.... Un homme souverainement despote, injuste et capricieux, gigantesque jusqu'à la démence dans toutes ses conceptions, jouant, chaque jour, sa fortune, son existence, celle de tous ceux qu'il avait créés, et la vie de plusieurs millions d'hommes au jeu toujours incertain des batailles, ou d'une politique injuste et cruelle qui amassait sans cesse sur sa tête et celle des malheureux français, la haine et l'exécration de tous les peuples, n'a jamais pu se faire des amis sincères.

On n'aime point ceux que l'on n'estime plus, sur-tout quand on a perdu l'espoir de les revoir. Buonaparte ne reviendra plus; et s'il avait été jugé par ses partisans, lors de sa descente en France, comme il l'est aujourd'hui, égoïste et sacrifiant les instrumens de sa fortune à sa sécurité personnelle, il ne serait pas allé loin.

Il existe des mécontens en grand nombre, parce que les évènemens ont culbuté beaucoup d'individus : parmi ceux-là, un grand nombre serviraient Napoléon Ier, Napoléon II, comme ils serviraient tout autre individu qui leur offrirait les mêmes espérances et la même confiance de succès. Ceux-là ne sont point exclusivement du parti de Buonaparte, ils sont du parti du désordre, sous quelque forme qu'il se présente et quelque nom qu'on doive lui donner. Ceux-là, dangereux par leurs prétentions, par leur mécontentement et par leur humiliation présente, comparée à leur état passé, profitent de tous les moyens pour recruter leur parti; ils abusent de la faiblesse et de la crédulité des gens simples dans les villes et dans les campagnes, pour les menacer du rétablissement de la dîme, des droits féodaux, de la restitution des biens nationaux, de la domination des nobles, des prétentions du clergé, du mépris de la Cour et de l'inaptitude des plébéiens aux charges et aux emplois lucratifs et honorables; ils leur disent que les promesses que le Roi, la Charte et les lois leur ont faites ne sont qu'un jeu que l'on cessera aussitôt qu'on croira ne plus les craindre, et qu'on les aura réduits à l'obéissance; que ceux qui ont fait les lois qui leur garantissent les avantages dont ils jouissent, en feront d'autres qui les révoqueront aussitôt qu'ils seront assez forts; que les nobles et les prêtres doivent reprendre leur autorité et rétablir la dîme et la servitude.

Ils sèment ainsi la défiance et la division, empêchent de se réunir autour du Roi et de son gouvernement, une partie paisible et honnête de la nation qui chérit le Roi dans son cœur, mais qui craint qu'on ne vienne exiger, en son nom, l'abandon des propriétés individuelles et des avantages de l'égalité morale.

D'autres, en portant dans un jour opposé l'exagération de leur opinion prétendue royale, au de-là des bornes d'une sage modération, donnent des royalistes une fausse opinion, et contribuent, par leur conduite inconsidérée, à effrayer davantage ceux que les menaces des premiers avaient excité à la méfiance.

Les deux partis sont en présence, se signalent et se menacent, et tous les deux nuisent également au gouvernement avec un but et des opinions opposés.

Ce qui perpétue cet état alarmant de défiance, d'inquiétude et de crainte, c'est la présence de l'étranger et l'incertitude de ce qu'il reste à la nation à craindre ou à espérer. La connaissance positive de son sort une fois acquise, l'exécution ferme d'un plan de gouvernement quelconque, la déclaration dont j'ai parlé plus haut faite au préalable ou tout autre moyen employé qui aurait pour but et pour effet de rassurer les esprits, et le plan que je développerai plus bas pour acquitter les charges qui nous accablent, adoptés, j'ai la confiance que l'étranger nous abandonnerait de bonne foi à nous-mêmes, et que les partis s'éteindraient en France, faute de voir qu'on fît assez d'attention à eux pour les revêtir de quelqu'importance.

Enfin, le mode d'acquit de l'emprunt que je proposerai, établissant des rapports fréquens et immédiats entre les différens partis, les sujets et le Souverain, opérerait insensiblement la fusion de toutes les opinions.

La reconnaissance des peuples qui verraient la sollicitude du Souverain leur épargner les frais et les formes de la perception de l'impôt de guerre, en acquitter lui-même une grande partie avec ses économies personnelles, et le reste avec la sagesse de son administration, sans que cet impôt, qui effraye si étrangement tous les esprits, atteignît, pour ainsi dire, ceux qui le redoutent, comme l'instant de leur ruine totale et personnelle ; la reconnaissance, dis-je, rallierait autour du trône tous ceux qui se verraient arrachés comme par miracle et par enchantement au malheur inévitable qui pesait sur leur tête.

Le plan que je vais développer n'a pas seulement l'avantage intérieur d'affermir le trône et de fonder la tranquillité publique. Il décharge la nation d'une grande partie de la somme exigée par les puissances, il pénètre le cœur de tous les vrais Français de respect et d'amour pour leur Souverain légitime, il attache le Roi à ses sujets par le lien le plus sacré qui unisse les hommes, par les bienfaits.

Il trouve dans le sacrifice nécessaire et momentané d'un luxe inutile, de quoi payer l'impôt, racheter nos places et supporter les frais de l'entretien des armées qui doivent rester pendant cinq ans sur notre territoire.

Le plan que je propose, réunit l'avantage de recueillir l'impôt sans frais, de l'acquitter sans faire sortir l'argent du royaume, de donner à l'étranger une garantie de plus qu'il sera payé fidèlement, d'obtenir peut-être, en s'exécutant ainsi, de meilleures conditions de sa générosité ou de son intérêt particulier :

De rallier les esprits autour du Gouvernement ;

D'entrer peut-être dans les vues particulières de chacune des puissances qui se feront la répartition de l'impôt.

Enfin, de n'être que peu ou point du tout à la charge des particuliers.

~~~~~~

DEUXIÈME PARTIE.

———

Quand on n'a que des conjectures sur un fait quelconque, en raisonner, en tirer des conséquences, c'est s'élancer dans la carrière des hypothèses, et voler avec les ailes de l'imagination vers un but chimérique qui fuit sans cesse, ce qui finit par ramener sans résultat au point de départ.

Je sais que j'ai ce danger à courir dans le travail que je me suis proposé. Je traite des moyens d'exécuter nos obligations avec les puissances et de leur payer la contribution de guerre; et, de science positive, j'ignore s'il y a une convention arrêtée avec elles, combien la France sera obligée de leur payer, et quel délai lui sera accordé pour le faire.

Mais en supposant que mon travail ne serve à rien, je n'ai perdu que mon temps, et encore je l'ai employé d'une manière satisfaisante pour moi, en m'occupant du bien de mon pays.

Dans le cas contraire, et si les conjectures et les bruits publics s'approchent plus ou moins de la vérité, j'aurai offert aux yeux du Gouvernement et de la nation une des nombreuses combinaisons que peuvent produire les circonstances actuelles. J'ai l'espoir que quelque chose de ce que j'écris sera bon; le pis aller, c'est que le tout soit inutile, et je n'y vois pas un inconvénient assez sérieux pour retenir ma plume.

Je vais donc continuer, en prenant pour base de mes raisonnemens le traité que l'opinion suppose généralement avoir été conclu avec les puissances alliées, portant :
~~~~~~

(15)

« Qu'il sera payé par la France sept cent millions d'indemnité pour les frais de la guerre; que, pour la sûreté du payement, nous remettrons un nombre de places fortes entre leurs mains, et qu'elles y resteront jusqu'à parfait payement;

« Qu'il devra être effectué par cinquième dans le délai de cinq années, et que, pendant ce laps de temps, nous serons tenus à l'entretien, la solde et la nourriture de cent cinquante mille hommes qui resteront en France pour maintenir l'ordre, protéger le Gouvernement et toucher chaque échéance du payement des sept cent millions. »

L'entretien, la nourriture et la solde de cent cinquante mille hommes étrangers, sur-tout, ne peuvent pas s'évaluer moins de 125 millions par an, ce qui fait pour les cinq ans, 625 millions; qui, joints aux 700 d'indemnité, donne 1,325 millions, à dépenser dans l'espace de cinq années, hors la ligne des besoins de l'État.

Où trouver une somme si énorme? dans le revenu de la France? il déjà insuffisant à sa dépense ordinaire.

Dans le crédit de ses finances? sa dette est presque à cinquante pour cent de sa valeur.

Dans la richesse des particuliers? toutes les fortunes viennent d'être renversées ou ébranlées par l'invasion.

Dans la création d'un papier monnaie? vous avez l'exemple des assignats.

Dans un emprunt à l'étranger? les peuples n'ont du crédit que quand ils sont tranquilles et sagement administrés.

Aujourd'hui vous ne trouverez des prêteurs qu'en leur donnant des gages, en leur demontrant jusqu'à l'évidence mathématique la sûreté de leur remboursement, en entrant avec eux dans les détails de votre administration intérieure, financière, civile et militaire, de manière à les convaincre de la sagesse et de la probabilité de vos plans; en un mot, en comptant avec eux, de clerc à maître, comme fait un négociant qui demande du temps pour arranger ses affaires, et du crédit pour les continuer.

Adoptez ce plan de conduite, suivez-le de bonne foi et à l'aide de sages réformes que la circonstance nécessite, vous trouverez du crédit pour vous acquitter momentanément, et des ressources sûres pour rembourser ce que vous serez forcé d'emprunter : c'est ce que j'espère démontrer plus bas d'une manière satisfaisante.

Il faut avant tout établir quelques principes généraux dont nous aurons par suite à faire l'application.

Tout gouvernement qui ne fait pas pivoter son administration sur un système de finance sage et bien entendu, prépare sa ruine ou celle de son successeur....

Tout gouvernement qui pare une difficulté financière, en employant un palliatif qui renvoye la crise à une époque plus éloignée, ne gagne que du temps, et augmente son embarras d'une quantité proportionnée à la distance de l'instant où il renvoie l'explosion; il vit dans la faiblesse d'une attitude gênée, dans la crainte d'un dénouement qu'il ne peut plus empêcher, et lorsqu'il arrive, il est sans force, sans moyens, sans énergie, sans confiance et sans crédit.....

Mais celui qui, envisageant avec calme et courage toute l'étendue du mal, a la force d'y adapter le remède convenable, quelque pénible qu'il soit, sauve son peuple, acquiert le respect et l'admiration que commandent les grandes choses, et établit son autorité sur les bases les plus solides, la confiance, le crédit et les moyens.....

Une bonne administration financière est toujours économique. Les envois forcés, les emprunts, les reviremens ruinent les états comme les banques, et avec la même rapidité. Les résultats d'un même principe sont toujours les mêmes, quoique les proportions soient différentes....

Toute administration qui emprunte pour parer à des besoins urgens, ne fait qu'aggraver sa position, si elle ne prépare à l'avance un moyen sûr de s'acquitter à l'échéance.

Pour faire un bon plan de finance, il faut d'abord acquérir assez d'aisance pour ne rien faire de forcé. Cette facilité nécessite dans la circonstance présente un emprunt ou tout autre moyen de se procurer de l'argent; mais (comme conséquence de ce que je viens de dire) il ne faut emprunter qu'après s'être assuré les moyens de rendre. L'emprunt lui-même ne peut s'opérer que par suite du crédit, et le crédit n'aura lieu qu'après l'établissement du calme et l'adoption d'un plan fixe et sage qui embrasse toutes les branches de l'administration.

Il nous faut créer 1,325 millions de moyens extraordinaires, dans l'espace de cinq ans. Nous ne pouvons les prendre où ils ne sont pas..... Ce n'est pas dans la bourse épuisée des capitalistes que nous les trouverons, ni dans les ressources de notre commerce maritime à peine renaissant.

Ce n'est pas non plus avec notre crédit actuel que nous pourrons nous les procurer.

Nous n'avons qu'un moyen vrai, et, j'oserai le dire, c'est celui de nous exécuter nous-mêmes.

Que l'on crée un papier qui amènera la banqueroute; que l'on exagère les impôts jusqu'au point de ne pouvoir plus y satisfaire, et d'amener le désespoir et l'émigration; on n'opérera d'autre résultat que la ruine plus ou moins rapprochée de la France, et sa dépopulation.

Mais si le Roi, dans sa justice, si les Chambres, dans leur attachement pour le Monarque et pour la France, admettent avec fermeté, veulent avec force et font exécuter avec scrupule le plan que je soumets aux lumières qui les distinguent, ou tout autre équivalent, je crois fermement que l'Etat sera sauvé, et que la France, théâtre depuis vingt-cinq ans de toutes les vicissitudes de la fortune, touche à l'instant d'être dédommagée de tous ses maux : elle n'a qu'à saisir habilement l'occasion que lui présentent les circonstances d'acquérir une consistance réelle et proportionnée à la richesse de son sol et de sa population.

Ce moyen, qui la rend tout-à-coup unie, forte et respectable,

3

paye sa dette ancienne, acquitte sa contribution de guerre sans efforts, environne le Roi de la majesté que donnent les richesses et la vraie puissance, et met dans toutes les parties qui composent l'ensemble de son administration, cette juste-proportion, cet équilibre raisonné qui fait que chaque détail concourt à la solidité de l'ensemble, et n'est point en danger de l'écraser et de le détruire, comme il ne peut manquer d'arriver dans le cas contraire : ce moyen, qui doit nous réconcilier avec les Puissances, qui simplifie tout, qui rend tout facile, qui porte à l'instant la vie et la tranquillité jusqu'aux extrémités du royaume, qui rend la confiance au commerce et le courage à ceux qui n'ont plus d'espoir; ce moyen, si simple qu'il n'en est même pas un, quelque miraculeux qu'il paraisse dans ses résulats, est celui de supprimer l'armée..... de changer notre système militaire, d'en adopter un meilleur qui sera moins dispendieux et plus sûr, qui nous rendra plus forts et plus riches, et qui, dès l'abord, inspirant la réunion et l'oubli du passé, nous fournira pour premier résultat le crédit suffisant pour subvenir à nos dépenses extraordinaires, et par suite, le moyen sûr de les acquitter.

Avant d'aller plus loin, je dois répondre à ceux qui ne manqueront pas de trouver absurde la suppression totale de l'armée.

Je dois soumettre à leur jugement les moyens que je propose pour la remplacer, moyens qu'il n'est même plus à notre pouvoir de rejeter, puisque le nouveau système militaire de l'Europe le rend non seulement nécessaire, mais indispensable.

L'armée française, sur le pied de paix, peut être considérée comme devant être composée de cent cinquante mille ou deux cent mille hommes.

En cas de guerre, leur insuffisance n'a pas besoin d'être démontrée. Il serait donc nécessaire de l'augmenter considérablement.

Mais par quels moyens assez sûrs et assez prompts, opérerait-on le recrutement ? Où trouverait-on subitement assez d'argent pour enrôler, armer et équiper deux cent mille hommes, s'ils étaient nécessaires et s'il fallait commencer à traiter avec chacun d'eux, de gré à gré, le prix de leur engagement? Serait-il bien prudent de se livrer à l'incertitude d'un semblable recrutement, qui supposerait pour moindre inconvénient une lenteur indispensable, et peut-être une impossibilité absolue, puisqu'il dépendrait de la volonté individuelle de chacun.

En revenant à notre ancien système militaire, nous avons oublié que les circonstances politiques sont changées pour nous et autour de nous, que l'état de nos voisins, qui seuls nous obligent à entretenir une armée pour nous faire respecter dans nos intérêts et nos relations avec eux, n'est plus le même qu'autrefois; que forcés par la nécessité, de se lever en masse, pour ainsi dire, chaque fois qu'ils ont été obligés de nous résister, les peuples se sont accoutumés à courir spontanément aux armes à la voix de leurs Souverains, pour balancer, s'il était possible, par leur nombre, celui que le système de la réquisition inventée en France par le génie de la destruction, vomissait comme un torrent, pour inonder leurs provinces et ravager leurs états. Nous n'avons pas réfléchi que, maintenant, trop habiles pour se dessaisir d'un moyen si puissant, leurs Souverains, qui n'ont usé jusqu'à ce jour que paternellement du pouvoir que leur a livré la frayeur causée par l'ennemi et la confiance de leurs sujets, conservent encore la force morale et physique qu'elle leur a donnée, et qu'en cas de guerre, ils n'ont, pour ainsi dire, qu'à ouvrir la main pour en laisser échapper des armées innombrables qui, déjà accoutumées à ce mode de recrutement, et pleines de la confiance que leur a inspirés le succès de deux campagnes, se réuniront, en un moment, et, nous gagnant de vitesse, fondront sur nous avec rapidité, et seront déjà au cœur de la France avant qu'on ait peut-être achevé de discuter la formation des armées que nous aurions à leur opposer.

Ce raisonnement devient plus convaincant encore depuis que

nous avons perdu cette ceinture formidable de places fortes, derrière lesquelles l'ennemi n'aurait pu se hasarder sans imprudence, et qui nous auraient servi de boulevard pendant que nous eussions rassemblé nos troupes.

Le système militaire de l'étranger étant totalement changé, il en résulte pour nous l'évidente nécessité de changer le nôtre, qui lui laisserait trop d'avantage.

Il n'entre pas dans le système ni dans le cœur paternel du Roi de rétablir la loi cruelle de la conscription, devenue odieuse sous la forme qu'on lui avait donnée et par l'abus qu'on en a fait. Elle a porté le deuil dans toutes les familles, moissonné le tiers de la population croissante, et mis le reste, pour ainsi dire, en coupe réglée.

D'ailleurs ce système, qui prête à l'arbitraire, qui semble offrir à l'ambition des moyens toujours prêts à la servir, aussi dévorateur des choses que des hommes, ne convient ni à la pénurie de nos finances ni au besoin de repos qu'éprouve à la fin une nation épuisée par vingt-cinq ans de conquêtes et de malheurs.

Il lui conviendrait encore moins d'entretenir, en temps de paix, une armée suffisante pour la défendre en temps de guerre : la totalité de nos revenus n'y suffirait pas. Cependant, la sûreté de l'État, la dignité du Monarque, la confiance et la sécurité de chaque individu exigent que le cas de guerre soit prévu, et que les moyens de la faire soient préparés de manière à donner au soldat la confiance qu'elle puisse être honorable.

Comment concilier toutes ces difficultés, qui paraissent incompatibles entr'elles, avec la pénurie de nos finances? Il n'est qu'un moyen à mes yeux, c'est de charger la nation de se défendre elle-même.

C'est d'obliger toute la jeunesse du royaume à s'organiser en milice, comme les régimens des cantons Suisses ou la milice des Etats-Unis. Par ce moyen, la plus forte dépense de l'Etat, celle de la guerre, n'existe plus, ou n'existe qu'en partie pendant la paix, et seulement en totalité, lorsque les milices entrent en campagne.

Examinons, avant d'aller plus loin, si cette idée, considérée sous toutes les faces qu'elle présente, doit être regardée comme absurde ; ou bien, si après avoir répondu à chaque objection, il ne paraîtrait pas convenable de l'adopter, sur-tout dans la circonstance particulière où nous nous trouvons.

Occupons-nous d'abord de l'ancien système......

Pour former une armée, il faut deux choses indispensables, des hommes et de l'argent.

Nous avons des hommes, je le sais, il s'agit seulement de savoir s'ils sont bien convenables et s'ils répondront au but de leur création. C'est ce que je chercherai à expliquer plus bas.

Quant à l'argent, nous en manquons, et nous ne pouvons nous en procurer par aucun moyen humain, sans augmenter notre dette et creuser d'autant le précipice qui menace de nous engloutir.

Mais supposons maintenant qu'à force de talens nous puissions nous créer des ressources et former une armée ; de quoi nous servira-t-elle, par exemple, pendant les cinq années qui doivent s'écouler avant que les alliés sortent de notre territoire ?

Cette armée, quelle qu'elle soit, sera-t-elle jamais suffisante, d'ici à cette époque, pour nous défendre en cas de guerre, ou pour en imposer assez pour nous procurer la paix ? Et si elle est inutile pour le seul but raisonnable qu'on puisse lui supposer, à quoi bon se permettre un luxe inutile de 150 millions par an au moins qui, joints aux 1,325 millions que nous impose le traité, forme pour cinq ans la somme exorbitante et au-dessus de nos forces de deux milliards.

Mais si, au lieu d'avoir une armée pour le défendre, le gouvernement, forcé à se servir des débris de l'ancienne pour en former une nouvelle, ne réussit à autre chose qu'à réunir à sa solde des mécontens qui conserveront leur opinion, et le sentiment de

leurs premiers torts envers le Souverain , oh ! alors, et bien certainement personne ne balancera à croire, comme moi , qu'il
serait non-seulement inutile , mais même dangereux de rassem-
bler une armée qui n'aura aucun but utile pendant cinq ans , et
qui offre le danger de la voir tourner encore une fois ses armes
contre celui qui les lui aurait rendues.

Le résultat de la formation d'une armée créée dans le sens de
notre ancien système militaire, dans la circonstance présente , sera
donc la certitude, 1° d'une dépense réelle de 150 millions par
an ;

2° La conviction que cette armée ne sera assez forte ni pour
maintenir la paix , ni pour faire la guerre ;

3° La conviction (pour moi du moins) que si les mêmes circonstances se présentaient , ou toutes autres pareilles , sa défection serait encore une fois la même , peut-être avec quelques mo-
difications accidentelles qui dépendraient des circonstances.

On ne convertit point en masse , ni en religion , ni en politique.
Cela est prouvé.

En n'exposant ni à la tentation , ni à la persécution des reproches ,
ces hommes qui ont une opinion différente de celle que leur impose le retour du Souverain légitime , ils pourront exister au milieu
de nous sans penser au mal et sans en faire ; mais si vous les réu-
nissez sous les mêmes drapeaux , n'y comptez qu'autant qu'ils ne
trouveront plus l'occasion d'agir suivant leurs principes et l'habi-
tude de leur opinion.

Mais , dira-t-on , il faut au moins qu'il existe nécessairement
un noyau d'armée , une garde pour le Roi , une force publique
pour le maintien de la police et la sûreté dans l'intérieur.

Sans doute , et je fais entrer dans mon plan une garde digne
du Monarque et de la nation , une force de police suffisante et un
cadre général de l'armée , comprenant un cadre particulier de
chaque arme , suffisant pour conserver le feu sacré , et assez économique pour soulager l'épuisement de nos finances.

A la place d'une armée de deux-cent mille hommes, dispendieuse en temps de paix, et trop faible en temps de guerre, je substitue, presque sans frais, une armée de deux millons de citoyens, dans la force et la vigueur de l'âge, qui, certains que la guerre ne sera jamais pour eux une guerre d'agression, voleront avec ardeur au-devant du devoir que leur impose une juste défense, et dont le nombre et la valeur suffiront pour assurer la paix ou garantir la victoire.

Ces guerriers citoyens ne seront à la charge de l'Etat qu'en temps de guerre ; en temps de paix, il ne seront tenus qu'au service des manœuvres et de l'enseignement, et à quelques mois d'un service effectif au chef-lieu de leur département.

Ils seraient commandés par des cadres de militaires instruits, pris toujours et renouvelés par des militaires du corps d'armée en activité permanante.

Ce moyen simple et facile, puisqu'il est en pratique en Suisse et en Amérique, réunit les avantages d'une économie et d'une puissance convenables à nos moyens et à notre position ; que, si dans le moment actuel où il existe encore des différences d'opinion, il pouvait paraître dangereux d'armer la majorité de la nation ; je répondrais à cette objection que nous avons devant nous cinq ans pour opérer cette mesure, peu-à-peu, avec la prudence et le discernement convenables.

Dans les temps ordinaires, deux puissances voisines qui s'observent et se craignent, sont modifiées l'une par l'autre dans leur administration intérieure et extérieure. Si l'une d'elles fait subitement et sans motif apparent, une levée considérable de troupes ; elle oblige l'autre à l'imiter, dans la crainte que cet armement ne soit tourné contre elle, si sa rivale avait la conviction de la prendre au dépourvu et manquant des moyens de résister à un einvasion.

Si l'une d'elles invente une arme nouvelle et dangereuse qui lui donne un avantage militaire, elle oblige l'autre, d'après les lois de la prudence, à chercher les moyens de combattre cette découverte par une invention équivalente ou par l'imitation du même procédé.

Ici le principe reconnu n'a besoin que de son application. Nos voisins, la Prusse sur-tout, viennent d'organiser chez eux un système militaire qui met la nation entière dans la main du Souverain, et qui lui donne autant de soldats qu'elle compte de citoyens. Par cela seul nous sommes obligés d'en faire autant.

Malgré cette force immense dont elle peut disposer au besoin, elle conserve son armée active, et en cela je pense que son système est ruineux, en pure perte, puisqu'elle pourrait supprimer en temps de paix une grande partie des dépenses de l'armée.

Il ne peut être hors de propos de donner ici une idée du système militaire de la Prusse.

En Prusse, aujourd'hui, tout jeune homme, sans distinction, parvenu à l'âge de dix-huit ans, est obligé de servir troisans activement dans l'armée. Au bout de trois ans, il passe dans la landwer, qui n'a d'actif que le cadre et un état-major chargé de faire la correspondance, et de garder en bon ordre, l'armement, l'habillement et l'équipement du corps.

Les officiers et soldats de la landwer sont dispersés chacun chez eux; ils se rassemblent en armes trois fois par mois pour la manœuvre; un certain nombre fait le service de la police du canton; le mouvement se fait tous les mois sur ses registres. Les officiers qui ne sont pas satisfaits de la manœuvre du bataillon, sont autorisés à le commander de manœuvre par extraordinaire; après trois ans de service dans la landwer, ils passent dans la landsturm, organisée comme la landwer, mais exempte en temps de paix de tous service, excepté de la revue chaque mois et d'une assemblée générale de manœuvre tous les six mois.

En temps de guerre, la troupe de ligne se porte en avant; elle peut doubler sur le champ le remplissage de ses cadres avec les premiers arrivés de la landwer; les seconds remplissent les cadres de leurs corps; au bout de huit jours ils sont déjà bataillons de guerre et peuvent marcher en avant.

La landwer garde les places , l'intérieur , et par l'établissement de ce système militaire, tout homme de dix-huit à soixante ans est soldat actif en Prusse , pendant la guerre.

Quel besoin avons nous maintenant d'une armée? Pouvons-nous penser que , dans notre état d'épuisement , d'agitation intérieure , elle ne soit pas plutôt une cause de désordre et de dépense qu'un objet d'utilité réelle et de tranquillité publique ?

Ne suffirait-il pas au Monarque de conserver une garde de vingt-cinq mille hommes , une armée active et permanante de vingt-cinq autres mille hommes destinés à faire le cadre de l'armée de guerre, et de prendre parmi la masse des citoyens, qui se renouvellerait à tour de rôle , une troisième armée de cinquante mille hommes , destinée à assurer la tranquillité publique , l'obéissance au Roi et à entretenir les habitudes militaires parmi les hommes destinés à la défense de la patrie , en cas de guerre ?

Cette dernière ne serait point à la charge du trésor , et servirait à l'instar des régimens suisses et des milices des États-Unis.

Par ce moyen , nous atteindrions le but si difficile de pourvoir à notre sûreté et de restaurer nos finances.

Imitons en France et perfectionnons le système militaire de la Prusse , et nous aurons non-seulement de quoi rétablir l'équilibre, mais de quoi faire pencher la balance en notre faveur. Supprimons de l'armée active tout ce qui n'est pas indispensable, et nous ferons tourner au profit de nos finances une dépense qui devient inutile en temps de paix.

Si ce plan ou tout autre pareil était adopté , il nous serait facile de remédier au reste de notre position.

La création de cédules hypothécaires pour 700 millions payables dans cinq ans , nous fournirait les moyens d'emprunter cette somme en Hollande et en Angleterre.

Cet emprunt consoliderait la paix avec les puissances. On ne fait pas volontiers la guerre à ceux qui nous doivent de l'argent.

Il aurait l'avantage de calmer les esprits en France , de dissiper les inquiétudes , de rendre la vie au commerce et de faciliter la rentrée des revenus de l'État; l'espérance renaîtrait, et l'espérance des peuples est un motif pour eux d'aimer les Rois.

Au moyen de cet emprunt, nous accquitterions sans difficulté notre contribution de guerre avec les alliés ; nous pourrions même la payer d'avance en négociant avec elles des conditions plus avantageuses et la remise immédiate de nos places; nous redeviendrions plus promptement indépendans , nous rentrerions dans la classe des puissances de l'Europe, nous pourrions faire des traités et des alliances convenables , avantage dont nous serons privés tant que durera l'étonnante position où nous a plongés la cruelle frénésie d'un seul homme et la main puissante du destin.

Après avoir ainsi mis ordre aux affaires et à la sûreté du dehors, celles du dedans offriront bien moins de difficultés.

Nous aurons à organiser notre système militaire ;

À préparer l'acquittement de notre emprunt de 700 millions, et à pourvoir aux dépenses courantes de notre administration.

Pour procéder avec ordre , il est d'abord nécessaire de traiter à fond l'affaire de l'emprunt des 700 millions, et démontrer que cet emprunt fait par l'Etat au-dehors sur l'hypothèque des propriétés foncières que les particuliers seront tenus d'engager pour lui fournir une pièce de crédit suffisante pour obtenir la confiance de l'étranger, ne sera ni onéreux aux propriétaires qui donneront les cédules , ni à l'Etat qui devra les acquitter pour eux.

700 millions sont au revenu territorial net de la France, comme un est à deux ;

Par conséquent une hypothèque de 700 millions souscrite par les propriétaires, frapperait deux pour cent de la valeur réelle du fonds.

Quel est le vrai Français , le propriétaire honnête et paisible qui refusera de confier pour un temps à son Roi, à son pays , sa caution de la cinquantième partie de sa fortune territoriale, lorsqu'il lui sera démontré que cette mesure ne compromet point ses intérêts, qu'il ne sera pas même tenu d'acquitter son obligation , et qu'en se prêtant à ce que les circonstances exigent de lui, il rend le calme et le bonheur à son pays, contribue à la paix générale de l'Europe, et à l'affermissement du trône et de l'autorité légitime?

Je supposerai donc, avec une suffisante probabilité, que si le Roi et les Chambres adoptaient cette mesure, elle n'éprouverait aucune difficulté dans l'exécution (1).

Le Roi et les Chambres une fois déterminés à recourir à l'emprunt pour acquitter les 700 millions de la contribution de guerre, il me semble que, pour faciliter l'exécution de cette mesure, il serait bon de la combiner avec tout ce qui devra être relatif à l'entretien et à la solde de l'armée qui doit rester en France, et de créer, à cet effet, un ministre chargé de tout le détail de cette affaire, afin de laisser tout le service administratif du royaume dans son état actuel, de le débarrasser de toute espèce de complication, et opérer avec plus de promptitude et de facilité.

Voici le projet de loi que je crois capable de répondre au but que je me suis proposé.

PROJET DE LOI

Relatif au paiement de la contribution de guerre.

Il sera nommé par le Roi, un ministre chargé de l'acquit de la contribution de guerre.

Il aura dans ses attributions : 1° le paiement de 700 millions à faire aux alliés dans le délai de cinq ans;

2° L'entretien, la solde et la nourriture des cent cinquante mille hommes qui doivent rester en France;

---

(1) Le besoin urgent d'argent disponible est bien évident, pour acquitter divers objets relatifs aux dépenses journalières des troupes alliées; mais comme le montant en est inconnu, il n'est pas possible de rien calculer à cet égard. Un moyen qui paraît se présenter de lui-même, serait une augmentation ou un emprunt sur les contribuables des patentes de l'imposition personnelle et celle des portes et fenêtres. Il y aurait de la justice à les assimiler dans les sacrifices nécessaires aux propriétaires qui fourniront les 700 millions de l'emprunt en cédules hypothécaires.

3° De poursuivre l'exécution de la loi, qui ordonne la création de 700 millions de cédules hypothécaires, souscrites par les possesseurs des propriétés foncières ;

4° De négocier, sur la caution de cette hypothèque, en Hollande ou en Angleterre, année par année, par cinquième, et s'il est nécessaire, un emprunt de 700 millions ;

5° De payer aux porteurs des cédules, l'intérêt du prêt qu'ils auront fait sur ce nantissement, à raison de 5 pour cent par an ;

6° De la liquidation générale qui devra être faite après l'opération et de l'annullation des cédules qui seront remises biffées, à leurs souscripteurs, à fur et à mesure des remboursemens qui seront faits aux prêteurs.

PROJET DE LOI

Relatif à la création de 700 millions de cédules hypothécaires.

Il sera créé sept cent millions de cédules hypothécaires, pour faciliter le paiement des 700 millions de contribution de guerre qui doivent être payés aux puissances alliées.

Ces cédules seront établies sans frais pour les souscripteurs, par le conservateur des hypothèques, au *prorata* du rôle de la contribution foncière. En supposant le total de 240 millions, elles seront souscrites par chaque propriétaire pour une somme triple du montant de sa contribution (1).

Les préfets seront chargés de hâter l'exécution de cette loi ; ils rassembleront toutes les cédules et les adresseront, sans délai, au ministre chargé d'acquitter la contribution de guerre, qui leur en délivrera un reçu.

Des instructions particulières sur le mode d'exécution rédigées avec soin, seront envoyées aux préfets et aux conservateurs des hypothèques.

---

(1) Les propriétaires qui auraient emprunté sur le fonds, seront autorisés à faire déduction à leurs créanciers, au *prorata* de l'hypothèque qu'ils auraient déjà souscrite, afin de faire porter l'obligation sur le vrai possesseur, et non pas sur le propriétaire nominal.

Il leur sera de même envoyé des modèles imprimés auxquels ils n'auront que les noms et les sommes à remplir, pour les faire accepter ensuite par les propriétaires.

Le ministre chargé d'acquitter la contribution de guerre, ouvrira aux préfets un crédit pour acquitter les frais d'impression et autres que nécessitera l'établissement des cédules.

PROJET DE LOI

Qui détermine le mode de l'emprunt qui doit être fait à l'étranger pour payer les 700 millions de la contribution de guerre et le service des intérêts sur le montant des contributions.

Il sera versé entre les mains du ministre, d'ici à telle époque, par MM. les préfets de chaque département, la quantité de cédules hypothécaires formant la totalité qui doit être fournie par les propriétaires de leur arrondissement.

Aussitôt la publication de la présente loi, il sera négocié, au moyen des cédules hypothécaires, un emprunt à l'étranger, par le ministre chargé d'acquitter la contribution de guerre.

Cet emprunt sera fait à raison de cinq pour cent d'intérêt, et sera garanti par la remise d'une somme égale de cédules hypothécaires, qui porteront la date de leur remboursement et des coupons d'intérêts payables au porteur, et qui seront acquittés par le ministre, à leur échéance successive.

L'emprunt sera négocié par cinquième, année par année, à fur et à mesure des besoins, chaque emprunt partiel devant être remboursé dans les trois années suivantes.

Le montant des sommes à payer par le ministre chargé d'acquitter la contribution de guerre, tant pour les intérêts que le capital, seront portés, chaque année, dans son budget, et lui sera versé par le ministre des finances.

Ainsi, pour la première année, dans laquelle il aura em- ⎰ 1re année,
prunté 140 millions remboursables par tiers en trois ans, il ⎱
recevra du ministre des finances, 147 millions pour paiement
principal ; plus, 7 millions pour montant de l'intérêt. ⎱ 54,000,000

Dans la deuxième année, il recevra pour
acquit du second terme de la première an-
née. . . . . 47,000,000 fr.
   Plus, pour intérêts . . . . 4,666,656 ⎱ 2e année,
Pour acquit du premier terme du deuxième
emprunt . . . . 47,000,000 ⎱ 105,666,666
   Plus, pour intérêts 7,000,000
   Total du budget de la deuxième année. . 105,666,665

Pour le budget de la troisième année , il re-
cevra pour paiement du dernier terme du
premier emprunt 47,000,000
   Pour intérêts 2,333,333
Pour acquit du deuxième terme de la se-
conde année . . . . 47,000,000 ⎱ 3e année,
   Plus, pour intérêts . . . . 4,666,666 ⎱ 154,999,999
Pour acquit du premier terme du troisième
emprunt 47,000,000
   Plus , pour intérêts 7,000,000
   Total 154,999,999

Il recevra pour le budget de la quatrième
année :
Pour acquit du troisième terme de la se-
conde année 47,000,000
   Pour intérêts 2,333,333
Pour acquit du second terme du troisième
emprunt . . . . 47,000,000 ⎱ 4e année,
   Plus, pour intérêts . . . . 4,666,666 ⎱ 154,999,999
Pour acquit du premier terme du quatrième
emprunt 47,000,000
   Pour intérêts 7,000,000
   Total. 154,999,999

Il recevra pour le budget de la cinquième année :

Pour acquit du troisième terme du troisième emprunt . . . . \. . . 47,000,000

Pour intérêts 2,333,333

Pour acquit du second terme du quatrième emprunt 47,000,000

Plus, pour intérêts 4,666,666

Pour acquit du premier terme du cinquième emprunt ª. 47,000,000

Pour intérêts. 7,000,000

TOTAL. . . . . : . . 154,999,999

> 5ᵉ année,
> 154,999,999

Il recevra pour le budget de la sixième année :

Pour acquit du troisième terme du quatrième emprunt. . . . . : 47,000,000

Pour intérêts . . . . : . . 2,333,333

Pour acquit du second terme du cinquième emprunt 47,000,000

Pour intérêts 4,666,666

TOTAL. 100,999,999

> 6ᵉ année,
> 100,999,999

Il recevra pour le budget de la septième année :

Pour montant du troisième terme du cinquième emprunt. 47,000,000

Pour intérêts. 2,333,333

TOTAL. 49,333,333

> 7ᵉ année,
> 49,333,333

TOTAL GÉNÉRAL . . . . . , 774,999,999

Pendant les deux premières années, le paiement de la contribution de guerre sera pris dans les ressources que fournira l'emprunt ; ces dépenses seront remboursées, ainsi que l'intérêt qu'il devra payer, à fur et à mesure des rentrées de l'impôt. Il sera également pourvu par le ministre des finances au paiement des fonds nécessaires à l'entretien, à la nourriture et à la solde des armées alliées.

Le mode d'emprunt ci-dessus détaillé, réunit l'avantage de pouvoir se négocier à fur et mesure des besoins, à celui de n'avoir jamais à payer que l'intérêt des sommes qui seront indispensablement nécessaires.

Après avoir assuré le service au moyen de l'impôt, je vais maintenant développer quels moyens on pourrait employer pour en opérer le remboursement, sans demander au peuple de nouveaux sacrifices au-dessus de ses forces, et sans augmenter les impôts d'une manière exagérée.

Le revenu de l'Etat, si la France reprenait l'assiette et la tranquillité que suppose l'admission du plan ci-dessus, serait de plus de six cents millions, et dans deux ans, et peut-être avant, on pourrait le porter à sept, sans difficulté et sans augmenter les taxes. L'armée étant supprimée, et nos expéditions maritimes réduites à l'indispensable, il en résulterait une économie qui, jointe à la retenue que l'on pourrait faire sur les traitemens de tous les salariés du royaume, et à la restriction du strict nécessaire, couvrirait certainement et la dépense extraordinaire de l'entretien des troupes étrangères et le paiement des 700 millions qui doit leur être fait dans le délai de cinq ans.

Je vais essayer de faire un aperçu de la recette et de la dépense réduite pendant cinq ans au strict nécessaire et calculée sur le nouveau système militaire que je propose, en ayant soin de respecter les engagemens sacrés de la dette publique, des pensions, etc. et ne présentant l'idée de la réforme ou de l'ajournement que pour des dépenses qui ne sont indispensables ni à l'administration du royaume, ni à l'honneur national, ni à la dignité royale.

Je suppose la recette de 600 millions.

La première dépense, la plus indispensable, est celle de l'entretien, de la solde et de la nourriture des cent cinquante mille étrangers qui doivent rester en France pendant cinq années. Celle-là est imposée par la nécessité.

Solde des alliés	125 millions.
Contribution de guerre . . .	140 id.
Paiement de la dette publique.	98 id.
Affaires étrangères	6 id.
Ministère de la guerre . . .	60 id.
— de l'intérieur . . .	50 id.
— de la marine . . .	25 id.
Chancellerie	15 id.
Police	1 id.
Finances	18 id.
Cautionnemens	8 id.
Total.	546 millions.
Le budget de recette présumée est de	600 millions.
Différence restante	54 millions.

Somme excédant le budjet de la liste civile du Roi et des Princes, sur laquelle Sa Majesté prendra ce qu'elle jugera convenable, et le surplus serait en économie, que je crois suffisante pour subvenir aux frais de solde des officiers de l'armée qui seraient en retraite ou sans emploi.

Je dois encore observer ici, que les 140 millions portés dans le budget général du royaume (conservés à leur destination) pour la contribution de guerre, pendant les sept ans que doit durer l'opération de l'emprunt, donnent une somme de 250 millions d'excédant sur la dépense, et qui se trouveraient dans la caisse du ministre de la contribution de guerre, à la fin de l'opération. Je n'ai point établi, dans son budget, de frais d'administration, parce qu'ayant supposé, dès la troisième année, toute la somme de 700 millions empruntée, et par conséquent ayant chargé au budget un intérêt qui n'existera pas, puisqu'il est évident que toute la somme ne sera pas négociée dès qu'il sera inutile de le faire, et qu'on pourra donner aux alliés eux-mêmes les cédules hypothécaires, s'ils veulent les accepter, j'ai pensé que le bénéfice qui se ferait sur l'intérêt qu'on ne paierait pas, balancerait les frais : d'ailleurs, les coupons des cédules hypothécaires étant des bons au porteur, il existera un bénéfice sur ceux qui seront perdus ou qui ne seront pas représentés aux délais fixés.

Tout le système de remboursement est fondé, jusqu'ici, sur la rentrée exacte des contributions ; mais dans l'état où se trouve la France, épuisée, ravagée, détruite sur plusieurs points, la rentrée exacte des 600 millions d'impôt pourra souffrir des difficultés ou éprouver des retards, sur-tout dans la première année.

C'est pour obvier à cet inconvénient, et entourer le Roi et ses ministres de toute la puissance des moyens, que j'ai proposé la création de 700 millions de cédules hypothécaires qui, représentant la valeur totale de la contribution de guerre, offriront un gage suffisant pour obtenir de l'étranger un emprunt convenable à nos besoins, et dont l'intérêt et les sommes employées à remplacer le défaut des non-valeurs, pourraient être répartis dans les années suivantes par la perception de centimes additionnels, tant sur l'impôt foncier, que sur l'impôt mobilier et des patentes, afin d'être alors dans le cas de soulager le service des divers ministères, qui sera réduit à la plus grande gêne dans les commencemens.

Cependant, après avoir ainsi réglé la plus grande des difficultés que nous avions à surmonter, nous aurons encore à combler le déficit ouvert par l'arriéré que formeront les énormes dépenses de l'interrègne, si la suppression des frais de l'armée licenciée ne suffit pas pour contrebalancer la dépense excessive des premiers mois. Nous aurons également à préparer, pendant les cinq années qui vont s'écouler, le matériel militaire de la guerre et de la marine.

Mais d'un côté, la dette de l'arriéré des trois mois de l'absence du Roi est encore inconnue, et sera peut-être nulle ou peu de chose ; de l'autre, il ne s'agit pas maintenant de chercher tout ce que

nous ne devons espérer obtenir que du temps, de la sagesse de
notre administration et de la plus sévère économie.

Trop vouloir à-la-fois, serait s'exposer à ne rien obtenir.

Mais s'il nous fallait des ressources promptes pour acquitter,
soit quelques sommes destinées à remplacer les non-valeurs ou les
recettes en retard de l'impôt, ou bien pour venir au secours du
budget trop restreint des ministres, il serait facile de créer, en proportion des rentes constituées dont l'intérêt serait servi provisoire-
ment par l'emprunt fait à l'étranger sur les cédules hypothécaires,
et dont l'amortissement deviendra facile après que nous serons
libérés avec l'étranger et qu'il aura quitté notre territoire. D'ailleurs,
malgré l'embarras momentané de nos finances, une dette de 3o ou
4o millions de rentes ajoutée aux 98 millions qui existent déjà, ne
serait point au dessus de nos forces une fois que nous aurons applani
les difficultés qui nous entourent, sur-tout si le système de défense
que je propose est adopté, puisqu'il diminuera de plus de 1oo millions les dépenses ordinaires de l'Etat, en temps de paix.

Les cinq années cruelles que nous devons passer au milieu des
chagrins, des travaux et des privations que nous prescrit l'économie
nécessaire à nos plans, seront nos dernières années de malheur si
nous sommes assez sages pour vouloir, assez courageux pour en-
treprendre et assez constans pour exécuter le grand œuvre de notre
affranchissement des entraves financières qui arrêtent depuis un
siècle l'essor de notre prospérité et de notre industrie.

J'ose penser que la France, libérée de sa contribution de guerre,
jouissant d'un revenu suffisant pour éteindre promptement sa dette,
tranquille au-dedans par la sagesse de son Gouvernement, respectée
au-dehors par la force imposante qu'elle aurait la faculté de développer pour repousser une aggression injuste, excitée au perfec-
tionnement de son industrie par le Monarque éclairé qui nous
gouverne, atteindrait bientôt au degré de splendeur et de félicité
que lui promettent en vain depuis long-temps, la beauté de son

climat, la fertilité de son sol, l'étendue de son territoire et les ressources de sa population.

Les lois sages et libérales de la Charte ouvrant à tous les citoyens la carrière des honneurs et des dignités, exciteraient une noble émulation ; la nation entière, retrempée par le malheur, excitée par la nécessité au développement de ses facultés, produirait bientôt des talens supérieurs dans tous les genres, qui lui assuraient sur les autres puissances de l'Europe, un triomphe plus noble et plus durable que celui des victoires, et plus utile à son bonheur que celui de sa splendeur passée.

RÉSUMÉ.

Je vais maintenant rapprocher toutes les parties du plan que j'ai développé, afin d'en faire mieux saisir l'ensemble et pouvoir juger d'un coup-d'œil si les moyens que j'ai indiqués, suffisent pour atteindre le but que je me propose.

La nation est agitée par les intrigues de la malveillance qui calomnie le Roi et le gouvernement, inspire aux gens faibles et ignorans des craintes sur la propriété des biens nationaux, sur l'égalité des droits et sur le retour des priviléges de la noblesse et du clergé.

Malgré l'absurdité de cette opinion, malgré les lois protectrices qui viennent d'être rendues par les Chambres, l'intrigue s'est faite une arme dangereuse de la crédulité du peuple. La déclaration que j'ai proposée la fera tomber de ses mains.

Elle est inquiète du sort qui l'atend : la présence de l'étranger, l'ignorance des conditions qu'il nous impose, la tiennent dans une anxiété qui paralise son industrie, qui comprime l'élan de son affection pour le Roi et sa confiance dans le gouvernement.

Un exposé vrai de notre situation intérieure et extérieure la mettrait à portée de juger sainement de l'étendue du mal, et la disposerait à faire tous les sacrifices qu'on lui démontrerait nécessaires pour y remédier.

L'armée licenciée et que l'on essayerait de réorganiser avec les débris qui en restent, serait plus dispendieuse que nos moyens ne le comportent, inutile pendant les cinq ans que l'étranger doit rester sur notre territoire, insuffisante en temps de paix pour faire respecter nos droits, et trop faible en temps de guerre pour les défendre.

Composée d'hommes qui sont nés, pour ainsi dire, avec l'opinion qui a causé leur défection, et qui est inouie jusqu'à nos jours dans l'histoire des autres peuples ; d'hommes que leurs revers ont plutôt exaspérés que convertis, loin d'être un sujet de confiance pour le Roi et de sécurité pour la nation, n'aurait d'autre résultat que d'opérer une réunion de mécontens prête à recommencer dans l'occasion, et serait à jamais une cause d'inquiétude et de trouble. Je propose de la supprimer et de la remplacer par la nation entière.

Rentrés dans leurs foyers, une partie des soldats puisera dans les principes et dans l'opinion de leur famille et des citoyens qui l'entoureront, d'autres idées que celles qui les ont séparés.

Une autre que son aisance ou son industrie mettront à l'abri du besoin, oubliera bientôt un métier auquel l'avaient forcé le despotisme ou l'entraînement. Rendus à la vie civile, éloignés de ceux qui leur faisaient un point d'honneur de parler et d'agir souvent contre leur opinion intérieure et leur intérêt particulier, ils apprendront bientôt, au milieu de leurs concitoyens, le prix des vertus paisibles, et cesseront de regretter la vie tumultueuse et agitée à laquelle ils étaient condamnés.

D'autres, sans moyens d'existence, et qui par leur entourage ou par leur caractère connu pourraient fournir la probabilité d'une bonne conduite, pourraient être employés dans les cadres destinés à conserver en temps de paix le noyau de l'armée de guerre. Là, confondus avec des hommes sûrs et choisis dans les départemens, ils acheveraient de se convertir ou cesseraient d'être dangereux.

D'autres enfin que leur obstination et leurs principes rendraient incapables d'être employés, seraient signalés à l'opinion publique et à la surveillance du gouvernement. Obligés de résider isolément, chacun dans le lieu de leur naissance, ils y seraient connus et comprimés. Éloignés de leurs anciens compagnons, l'exagération de leurs prétentions s'éteindrait d'elle-même, leur imagination cesserait de fermenter faute d'être excitée par leur entourage, et ils finiraient par se conformer à leur position. Dans tous les cas, ils seraient moins à redouter isolés et désarmés au milieu de leurs concitoyens, que réunis et capables d'abuser des armes qui leur seraient confiées.

Les officiers, licenciés comme les soldats, fourniraient parmi ceux que leur existence, leur parenté, leur caractère connu feraient préférer, de quoi composer le cadre de l'armée conservée, et seraient employés à l'organisation du nouveau système militaire et à l'instruction de la milice. Le reste serait mis en retraite ou à la demi-solde.

Le système militaire adopté aujourd'hui presque dans toute l'Europe, mettant à la disposition de chaque Souverain toute la population active de ses Etats, nécessiterait une mesure semblable de notre part, si nous ne voulons pas être sans cesse exposés sans défense à l'invasion.

La dignité et la sûreté du Monarque veulent une garde suffisante : la police de l'intérieur exigerait une force armée pour le maintien de l'ordre, l'exécution des lois et le recouvrement des impôts.

La sûreté de l'Etat, l'exécution des traités et le besoin d'être respectés à l'étranger nécessitant le moyen de développer, en cas d'attaque, une force suffisante pour repousser l'agression, il y serait suffisamment pourvu :

En créant pour le Roi une garde de vingt-cinq mille hommes ;

En organisant comme chez l'étranger une milice nationale ;

En conservant en activité perpétuelle vingt-cinq mille hommes destinés à former les cadres de l'armée de guerre ;

En faisant fournir par la milice une autre armée de cinquante mille hommes qui se renouvelleraient tous les ans, et qui seraient entretenus aux frais de leurs départemens respectifs.

Cinquante mille hommes répartis sur quatre-vingt-quatre départemens, feraient environ cinq cents hommes par département. Cette charge ne serait pas exorbitante et pourrait être facilement supportée, au moins pendant les cinq premières années.

Par suite, ces cinquante mille hommes ne seraient tenus qu'au service nécessaire pour l'enseignement, et seraient remplacés par une cavalerie et une artillerie permanentes, que nous n'avons pas les moyens de créer dans la circonstance présente.

Le paiement des 700 millions de contribution de guerre ;

L'entretien des cent-cinquante mille hommes que nous devons garder pendant cinq ans ;

Les dépenses courantes de la liste civile, de la dette consolidée et de l'administration du royaume, réduites au strict nécessaire, seraient, ainsi que je l'ai calculé, couvertes par les 600 millions du revenu de l'Etat et par les ressources que j'ai indiquées.

Pour mieux assurer le service, n'être point obligé de faire des reviremens onéreux, pouvoir administrer économiquement, entourer le Roi de la richesse et de la dignité convenables, il serait ouvert par les propriétaires un crédit au gouvernement, au moyen de cédules hypothécaires qui engageraient au plus le cinquantième de la propriété foncière.

Sur ce crédit, il serait fait en Hollande et en Angleterre un emprunt proportionné aux besoins imprévus que pourraient amener les circonstances, et suppléer à l'insuffisance du budget de recette, si dans la première année les rentrées éprouvaient des retards, ou pour remplacer les non valeurs, si l'état d'épuisement où se trouve la France nécessitait des dégrèvemens.

Les sommes dépensées sur celles empruntées sur le gage de

cédules hypothécaires, l'intérêt auquel l'emprunt donnerait lieu seraient remplis par des centimes additionnels sur les contributions foncière, personnelle et mobiliaire, ainsi que sur les patentes.

Cette charge ne serait ajoutée à l'impôt que dans deux ou trois ans, lorsque la paix et l'activité de l'industrie ayant commencé à réparer les malheurs de l'invasion, il serait possible de la supporter.

Quelque pénible que soit ce moyen, il est cent fois préférable à tout autre qui pallierait le mal et amasserait sous nos pieds les élémens d'une explosion qui, plus tard, renouvellerait tous les maux qui nous environnent et occasionnerait peut-être la perte de l'Etat.

L'arriéré des trois mois d'interrègne, s'il en reste sur l'exercice courant, pourrait, à partir du moment où il sera liquidé, être converti en rentes constituées, dont l'intérêt se prendrait jusqu'à l'expiration des cinq ans sur les fonds provenant de l'emprunt fait sur les cédules hypothécaires de 700 millions.

A l'expiration de ces cinq ans, si le ciel ne nous réserve pas de nouveaux malheurs, nos finances améliorées par la réduction de la dépense et par la suppression d'une partie des frais de l'armée , par l'augmentation du revenu de l'Etat, accru en raison de la paix, du développement de l'industrie et de la protection donnée au commerce, parviendraient facilement à opérer la réduction de la dette; les rachats faits sur la place au cours et non la valeur nominale, compenseraient au moins l'intérêt que nous serons obligés de payer sur les sommes momentanément arriérées et qui seraient acquittées en rente constituées.

Enfin, au bout de cinq ans, nos recettes excéderaient nos dépenses; nous aurions une armée respectable, notre prospérité commencée dans le malheur n'en serait que plus assurée, et l'espérance nous consolant par l'espoir d'un avenir plus heureux, diminuerait chaque jour un peu des sentimens de notre infortune.

Et, puisque le ciel nous a fait naître au milieu des épreuves et des malheurs dont nous ont accablé les convulsions politiques qui tourmentent l'Europe depuis vingt-cinq ans, ayons du moins le courage d'achever le douloureux sacrifice de notre félicité personnelle, en dévouant ce qui nous reste d'existence et de fortune au salut de la patrie, au service du Roi et au bonheur de nos enfans.

FIN.

www.ingramcontent.com/pod-product-compliance
Lightning Source LLC
Chambersburg PA
CBHW051320060726

47596CB00004B/1409